OS TIPOS PSICOLÓGICOS JUNGUIANOS

JOSÉ JORGE DE MORAIS ZACHARIAS

coleção simplificando

SATTVA EDITORA

AJB
ASSOCIAÇÃO JUNGUIANA DO BRASIL

contato@sattvaeditora.com.br
www.sattvaeditora.com.br

Editora: **Vivian Lerner**

Revisão: **Olenka Franco**

Projeto gráfico, diagramação e capa: **Luiz Zonzini**

Os Tipos Psicológicos Junguianos

Dados Internacionais de Catalogação na Publicação (CIP)
(Câmara Brasileira do Livro, SP, Brasil)

Zacharias, José Jorge de Morais

Os tipos psicológicos junguianos / José Jorge de Morais Zacharias. --São Paulo : Sattva Editora : AJB, 2017. -- (Coleção simplificando ; 1)

Bibliografia.
ISBN 978-85-67977-27-0

1. Jung, Carl G. 1875-1961 - Psicologia analítica
2. Psicologia analítica I. Título. II. Série.

17-10330 CDD-150.1954

Índices para catálogo sistemático:
1. Psicologia analítica junguiana 150.1954

OS TIPOS PSICOLÓGICOS JUNGUIANOS

JOSÉ JORGE DE MORAIS ZACHARIAS

SATTVA EDITORA

AJB
ASSOCIAÇÃO JUNGUIANA DO BRASIL

2017 · 1ª edição

ÍNDICE

APRESENTAÇÃO DA COLEÇÃO SIMPLIFICANDO

O Departamento de Publicação da Associação Junguiana do Brasil - AJB, disposto a seguir semeando as ideias de Jung, criou, em parceria com a Sattva Editora, a ***Coleção Simplificando***.

Trata-se de uma coletânea de livretos que versam acerca dos pressupostos básicos da Psicologia Analítica, buscando oferecer textos acessíveis, capazes de comunicar com qualidade e precisão, temas complexos da psicologia junguiana.

Objetiva levar o conhecimento vivo aos leitores não especializados, aproximar o pensamento profundo da psicologia analítica, da vida de todos os dias das pessoas, de acordo com o expresso desejo de Carl Gustav Jung. Ao final de sua vida, Jung voltou seu interesse às necessidades de autoconhecimento e reflexão das pessoas, sempre individual e coletivamente.

Cada volume trará um tema específico da abordagem analítica do psiquiatra suíço Jung, buscando alcançar o leitor comum e não somente os profissionais e estudantes do campo da psicologia.

Como grande pensador do século XX e visionário do século XXI, Jung tem ainda muito a contribuir para que se possa enriquecer o valor do diálogo humano, potencializando a autoconsciência, a empatia e o entendimento da nossa relação com o mundo. O saber, nos diz ele, é comunitário e somente assim adquire sentido.

Rosa Maria Brizola Felizardo
Associação Junguiana do Brasil

INTRODUÇÃO

A história do pensamento tipológico

Desde os primórdios a humanidade sentiu a necessidade de criar categorias para classificar o mundo e seus fenômenos. Por exemplo, animais perigosos, de caça ou domésticos; plantas venenosas, curativas e para alimentação; grupos amigos ou inimigos. No bojo destas categorizações para organizar as relações com o mundo, também se construíram categorias que identificavam as pessoas em determinados grupos com características similares. Surgiu a ideia de classificar as pessoas em determinados padrões de comportamento e atitudes.

Como nem todas as pessoas agem da mesma maneira diante dos mesmos eventos, e algumas agem como outras, numerosos sistemas de tipologia foram criados ao longo do tempo para classificar e explicar as diferenças e semelhanças entre as pessoas.

Desta forma foi criado um conjunto complexo de representações simbólicas mágico-religiosas e filosóficas, para oferecer uma classificação satisfatória que explicasse e categorizasse diferenças e semelhanças de comportamento.

Podemos tomar como exemplo o sistema do horóscopo chinês, que teve sua origem quando o imperador Huang Ti introduziu o calendário lunar em 2637 a. C. Este calendário incluía uma antiga lenda na qual um homem santo antes de despedir-se do mundo, convocou todos os animais para que viessem à sua presença. Nem todos compareceram, apresentaram-se apenas 12, na seguinte ordem de chegada: o rato, o boi, o tigre, o coelho, o dragão (naquele tempo era um animal comum), a serpente, o cavalo, o carneiro, o macaco, o galo, o cão e o javali.

Como recompensa por terem atendido ao seu chamado deu-lhes o domínio sobre cada ano em ciclo de 12 anos consecutivos. Quem nascesse no ano do rato teria em seu coração aquele animal simbólico, expressando a natureza e o comportamento do rato, e assim sucessivamente para os 11 outros animais.

Outro sistema bastante conhecido entre nós vem das religiões de matriz africana, cuja nomenclatura mais conhecida é da tradição Yorubá. Nestas tradições cada pessoa é filho(a) de um orixá e carrega em sua personalidade a marca distintiva do temperamento de seu orixá de cabeça. Por exemplo, filhos(as) de Ogum tendem a ser impulsivos e voluntariosos, filhos(as) de Oxum tendem a ser sedutores e carinhosos. A característica de cada orixá está explicitada na mitologia de cada um, atribuindo a cada um deles um tipo de temperamento, que será expresso no comportamento de seus filhos.

Temos aí outra forma de tipologia não determinada pela data do nascimento, como a chinesa, mas por um processo mágico-religioso de identificação, por meio do jogo de Ifá ou dos búzios.

No entanto o sistema mais conhecido na atualidade é o da astrologia, que floresceu entre os caldeus, na Mesopotâmia. Conforme o movimento do sol, da lua e dos planetas em relação ao cinturão de estrelas conhecido como zodíaco, pode-se definir um signo solar para cada pessoa, totalizando 12 signos que são representados no zodíaco: áries, touro, gêmeos, câncer, leão, virgem, libra, escorpião, sagitário, capricórnio, aquário e peixes. Determina-se o signo de cada pessoa por meio da observação da data do nascimento e da posição do sol em relação às constelações do zodíaco. O sol caminhará por todos os 12 signos no tempo de um ano, a iniciar-se em 21 de março. Em astrologia entende-se que, estando o sol em determinado signo no momento do nascimento, as características de comportamento atribuídas àquele signo serão impressas na personalidade da pessoa; assim, um canceriano tenderá a ser emotivo e sensível, ao passo que um ariano tenderá a ser impulsivo e combativo.

Uma classificação posterior atribuiu a cada três signos um elemento constituinte da matéria. Nesta perspectiva teremos três signos para a terra e igualmente para a água, o fogo e o ar. Este conceito dos elementos foi muito bem incorporado à medicina hipocrática (Hipócrates, 400 a. C.).

Esta antiga medicina grega acreditava que as pessoas eram constituídas desses elementos, representados no organismo pelos humores ou secreções: bílis negra, fleuma, sangue e bílis amarela. Esta teoria foi aperfeiçoada mais tarde por Galeno, que determinou os quatro temperamentos próprios ao humano chamando-os de melancólico (terra, bílis negra), fleumático (água, fleuma), sanguíneo (fogo, sangue) e colérico (ar, bílis amarela). O que caracteriza o temperamento de uma pessoa é a maior quantidade de um destes humores em circulação no organismo.

Atualmente muitas pessoas ainda se utilizam deste sistema de classificação de tipos, como por exemplo, a pedagogia Waldorf de Rudolf Steiner, ou o sistema tipológico de Kersey e Bates, além de grupos filosóficos e religiosos.

Entretanto, a teoria clássica de Hipócrates apresenta a desvantagem funcional da crença em tipos puros, dificultando a correta classificação. Isto torna a tipologia hipocrático-galênica abrangente e genérica demais, justamente pela rigidez e falta de dinamismo entre os diferentes tipos. Podemos dizer que não existem tipos puros, uma pessoa sanguínea pode ter momentos de melancolia ou se tornar fleumática.

No período entre a Medicina grega e o século XVI, surgiram outros sistemas de classificação tipológica com base em superstições e estereótipos sociais. Dentre eles a quiromancia, que buscava a análise do temperamento por meio na análise do formato das mãos. Os trabalhadores braçais e mais pragmáticos teriam mãos grandes e fortes; os intelectuais e mais criativos teriam mãos mais finas e frágeis. Outro sistema era a fisiognomia, que buscava aproximar a fisionomia de uma pessoa aos traços de um animal, e assim atribuía-se a esta pessoa as características do animal. Pessoas com feições de um cão, um galo ou cordeiro teriam o comportamento destes animais.

Já no século XVII, La Bruyère (1645 – 1696) descreve tipos cujas características ainda hoje são mantidas pelos estereótipos sociais. Por exemplo, acredita-se que pessoas gordas são invariavelmente afáveis, bem humoradas e tolerantes; ao passo que pessoas altas e magras são nervosas ou contemplativas e intelectuais.

Em pleno século XIX, Cesare Lombroso ficou conhecido por criar a Antropologia Criminal, sistema de classificação de personalidades no qual se afirmava que o criminoso nato possuía um tipo físico e psíquico especial. Lombroso identificava esses tipos físicos com a análise do formato da caixa craniana, especialmente o que denominou fossa occipital média, encontrada em criminosos. Atualmente as teorias de Lombroso estão esquecidas por falta de fundamentação empírica comprobatória.

As teorias modernas de tipologia humana podem ser classificadas em três princípios básicos:

· Tipos somáticos: no qual o princípio orientador de classificação é a constituição física geral.

· Tipos somato-psíquicos: no qual o princípio orientador é a interação entre a estrutura física e a dinâmica psíquica correspondente.

· Tipos psíquicos: no qual o princípio orientador é a diferença entre as estruturas psíquicas.

Como exemplo da classificação de tipos com base nos elementos somáticos, podemos citar a Escola Constitucionalista, representada por De Giovani e Viola. Esta tipologia está baseada na relação entre o tronco e os membros, criando os tipos megalosplâcnico (baixo e gordo), normoplâcnico (atlético) e microsplâcnico (alto e magro). Cada um destes três tipos expressará características de personalidade peculiares, correspondentes ao seu padrão fisiológico.

Exemplificando tipologias somato-psíquicas, podemos apontar a obra de Franz Joseph Gall (1758 – 1828) como a primeira tentativa de correlacionar mente e corpo. Ele criou a frenologia, um sistema que afirmava ser possível identificar sinais do tipo de atividade mental por meio do estudo da caixa craniana. Gall foi o precursor dos estudos da moderna neurociência e influenciou a Antropologia Criminal de Lombroso.

Outra obra importante é o trabalho de Ernest Kretschmer (1888 - 1964) que, partindo das definições psiquiátricas de Emil Kreapelin (1856 – 1926) publicadas na obra *A esquizofrenia e a psicose maníaco-depressiva,* de 1895, desenvolveu uma tipologia somato-psíquica. Kretschmer apresenta a definição dos tipos físicospícnico, atlético, leptossômico e displásico que correspondem a gordo, atlético, magro e alto e um misto dos anteriores, acompanhada de uma descrição psiquiátrica correlata, cicloide ou esquizoide. Segundo o pesquisador, a constituição física corresponde a determinados traços de personalidade, e cada pessoa poderá ser classificada em um dos dois campos de definição de Kreapelin.

Outro importante pesquisador de tipologia somato-psíquica foi W. H. Sheldon (1898 – 1977). Ele acreditava que a unidade psicossomática advinha principalmente de atividades endócrinas. Para avaliação tipológica, ele criou uma escala de sete pontos para cada um dos três aspectos de somatotipos. São eles: endomórfico, mesomórfico e ectomórfico, correspondendo respectivamente aos temperamentos viscerotônico, somatotônico e cerebrotônico. Podemos notar três tipos básicos de categorias: endomórfico e viscerotônico (baixo e gordo), mesomórfico e somatotônico (atlético) e ectomórfico e cerebrotônico (alto e magro), cujas atividades se dirigem para prazeres, atividades físicas e atividades intelectuais respectivamente.

Nas descrições anteriores, apresentamos tipologias que se baseiam em aspectos físicos (tipologias somáticas) e na interação entre aspectos físicos e psíquicos (tipologias somato-psíquicas). A seguir trataremos da tipologia desenvolvida por Carl Gustav Jung (1875 – 1961), como grande exemplo de tipologia estritamente psíquica.

Este modelo surgiu como a tentativa de compreensão do conflito pessoal e teórico entre Adler e Freud, bem como Jung e Freud. Ao longo de dez anos, Jung procedeu a detalhado estudo das diferenças e conflitos entre autores presentes na literatura, na estética, na filosofia, na teologia e na psicologia; bem como na observação acurada de seus próprios pacientes.

A grande contribuição da tipologia junguiana é a introdução do conceito de energia psíquica e a definição do modo como cada pessoa se orienta no mundo. Estas contribuições são inovadoras em relação aos sistemas anteriores, nos quais as classificações eram baseadas na observação de padrões de comportamento conforme temperamento ou emocional.

CAPÍTULO 1

Origens da tipologia junguiana

A origem da tipologia junguiana, diferentemente dos estudos tipológicos anteriores, surge como um dos principais frutos do desenvolvimento dos estudos sobre o inconsciente e o consciente, e das descobertas científicas e pessoais de dois grandes pesquisadores da alma humana, Sigmund Freud e Carl Gustav Jung.

A possibilidade da existência do inconsciente era uma realidade desde os antigos hindus com o conceito de *karma* (um elemento presente na vida pessoal que determina certos eventos e, no entanto, é desconhecido da própria pessoa). Santo Agostinho (354 - 430) comenta que não conseguia apreender tudo o que era. Dentre os filósofos mais modernos, Gottfried von Leibnitz (1646 – 1716) foi quem primeiro formulou claramente o inconsciente, referindo-se às pequenas percepções das quais não somos conscientes. Podemos ainda citar Kant, von Schelling, Hegel, Schopenhauer, Carus e Von Hartman.

Além dos filósofos, outro grupo foi fundamental na construção do conceito de inconsciente, os médicos hipnotizadores. Franz Anton Mesmer (1734 – 1815), idealizador da técnica do mesmerismo, magnetismo animal ou hipnotismo foi o precursor da abordagem do inconsciente. Seguiram seu trabalho Charcot e Janet com quem Freud e Jung estudaram, respectivamente. Estes médicos franceses concentraram seus estudos no fenômeno da conversão histérica.

Outro grupo que contribuiu para esta construção, foram os psicólogos. Dentre eles podemos apontar Francis Galton (1822 – 1911) que desenvolveu o Teste de Associação de Palavras, utilizado por Jung em suas pesquisas iniciais e que inspirou o método de associação livre de Freud. Além dele podemos citar Theodore Flournoy (1854 – 1920) que pesquisou a médium Catherine Muller e concluiu que o inconsciente tem capacidade mitopoética, qual seja, criar histórias, contos, mitos e personagens de profunda expressão literária.

Ao final do século XIX muita coisa se sabia sobre a atividade inconsciente. Por exemplo, que muitos processos de pensamento e percepção ocorrem no limiar da consciência, que o inconsciente armazena inúmeras lembranças e percepções, que incorpora atividades autônomas criadas com esforço na consciência, tem função mitopoética, produz mitos, sonhos, histórias e símbolos, é intencional e abriga subpersonalidades autônomas sob a consciência.

Toda esta série de antecedentes preparou o caminho para que Freud pudesse desenvolver sua pesquisa e criar sua teoria de personalidade. A influência de Charcot e Breuer no pensamento de Freud foi muito marcante, e assim vem à luz o sistema da psicanálise. Freud aproveitou muito do conhecimento construído por seus antecessores, mas foi muito além de seus mestres, desenvolvendo um caminho próprio.

Na época em que se associou a Freud, Jung era médico psiquiatra assistente no hospital Burghölzli na Suíça, sob a orientação de Bleuler. Quando conheceu Freud já havia publicado seu trabalho *Estudos sobre a associação de palavras,* hoje presente nas obras completas de Jung (Vozes) como *Estudos experimentais*. Jung interessou-se por Freud a partir da leitura da obra *A interpretação dos sonhos* o que os levou a um período de grande colaboração e amizade pessoal, ainda hoje entendida por muitos como discipulado.

Jung aproximou-se de Freud como colaborador, pois muitas de suas ideias acerca da fenomenologia da psique já estavam articuladas (como a teoria dos complexos e o conceito de energia psíquica). Jung expôs inúmeras vezes sua dificuldade em aceitar a teoria da sexualidade, ao que Freud rebatia, insistindo na inexperiência do amigo. Outro ponto conflitante era quanto à natureza do símbolo, que para Freud era um sinal de algo bem conhecido, enquanto que para Jung o símbolo indicava algo inespecífico ou indeterminado da atividade do inconsciente.

Por volta de 1909, Jung já havia se irritado o suficiente com Freud e sua teimosia teórica, pois tentava deixar bem claro que era um cientista independente e não seu principal ajudante. Jung estava construindo o conceito de inconsciente coletivo que, uma vez formulado, levou-o ao rompimento definitivo com Freud, principalmente pela questão referente à natureza da *libido* e à dinâmica simbólica do Complexo de Édipo, questões expostas na obra *Símbolos da transformação,* obras completas (Vozes).

Após o rompimento com Freud, Jung entrou em um período de crise (1913 a 1918) da qual emergiu grande parte da sua teoria, especialmente *Tipos psicológicos* e *O livro vermelho* (Vozes). Foi um período difícil e fértil ao mesmo tempo.

Jung compreendeu que, além das complicações pessoais existentes, havia uma dimensão científica a ser levada em conta. O fato de dois pesquisadores sérios e honestos como Freud e Adler, que geraram o primeiro cisma na sociedade de psicanálise de Viena, discordarem acerca de um mesmo ponto já é por si um problema psicológico sério. Tentar identificar quem está certo nesta disputa é reduzir muito a questão. Jung sempre admirou as qualidades de Freud e acreditava que esta disputa se baseava em diferenças fundamentais nas teorias de cada um e na maneira como cada um via a realidade.

A possibilidade de estudar a razão das diferenças entre os dois pesquisadores levou Jung a buscar entender o fenômeno que se apresentava. Ele reconhecia as verdades presentes na teoria do poder de Adler, bem como na teoria do prazer de Freud; ainda mais em sua própria visão da psique. A partir desta possibilidade aplicou as teorias de Adler e Freud a um caso real e concluiu que os dois sistemas eram úteis para compreender a neurose, mas eram incompatíveis entre si. Este estudo levou Jung a formular a questão: haveria ao menos dois padrões diferentes de pessoas, um voltado para os objetos externos e outro para as impressões internas?

Esta questão levou Jung a identificar pelo menos dois tipos de pessoas, os extrovertidos e os introvertidos. A possibilidade de se estabelecer, em bases científicas, uma tipologia funcional, ajudaria em muito a compreender vários problemas levantados até então. Auxiliaria a construção de uma teoria adequada sobre as relações consciente – inconsciente, compreenderia de maneira científica o que os sistemas antigos tentaram codificar, ofereceria um sistema dinâmico relacional alternativo ao sistema de Sheldon e Kretschmer e, por último, poderia explicar as divergências entre Freud, Adler e Jung.

CAPÍTULO 2

Os tipos psicológicos

A obra *Tipos psicológicos* (Obras Completas de Jung, volume VI, ed. Vozes) foi publicada em 1921, após dez anos de observação e pesquisa, e é a primeira grande obra do autor após seu rompimento com Freud.

Primeiramente Jung definiu duas atitudes, a introversão e a extroversão. Logo após definiu as funções psíquicas – sensação, pensamento, sentimento e intuição, além dos conceitos de função principal, auxiliar e inferior. Vamos explicar detalhadamente cada um destes conceitos a seguir.

I – Atitudes

Por atitude Jung definiu qual o rumo que a energia psíquica toma, ou seja, em que campo uma pessoa prefere focar sua atenção, no mundo externo ou no mundo interno. A atenção pode estar voltada para fora, para o mundo concreto de pessoas, coisas e fatos; ou voltar-se para o próprio indivíduo, seu mundo interno de impressões, representações, pensamentos e sentimentos.

A estes dois movimentos possíveis da energia psíquica Jung denominou extroversão e introversão respectivamente.

EXTROVERSÃO

As pessoas que tem atitude extrovertida geralmente focam sua atenção no mundo externo de fatos, coisas e pessoas que estão ao seu redor. Estas pessoas orientam-se de acordo com o ambiente externo e são muito suscetíveis a ele. A experiência imediata tem predominância sobre os aspectos subjetivos. O interesse pessoal está voltado para o mundo que é ao mesmo tempo orientador e campo de ação. Tais pessoas sentem facilidade em acomodar-se ao ambiente externo e atuar nele, de forma adequada ou não.

Geralmente os extrovertidos apresentam disposição para a impulsividade, algo como viver primeiro e pensar depois sobre o que foi vivido, ou agir sem pensar e pensar depois de agir. Esta maneira de decidir faz com que o extrovertido muitas vezes tome decisões inadequadas por falta de reflexão anterior.

Gostam mais de falar do que escrever, ver e ouvir a ler, e geralmente são bons oradores. Por exemplo, muitos estudantes afirmam que aprendem mais participando de uma aula expositiva ou em grupo do que lendo os textos recomendados. Extrovertidos tendem a se interessar por assuntos muito diversos, mas seu conhecimento é superficial, pois sentem dificuldade em fixar-se em um tema específico ou aprofundar o conhecimento; tornam-se mais generalistas do que especialistas.

Geralmente tem muitos amigos e grupos sociais, porém os vínculos pessoais não são muito profundos, pois o extrovertido tem dificuldade em perceber seu próprio mundo interior.

O extrovertido corre o risco de ser envolvido demais pelo mundo externo e suas exigências, ficando muito distante de suas próprias necessidades pessoais, o que pode causar transtornos e aborrecimentos.

Uma pessoa é considerada extrovertida por ser esta sua disposição mais habitual, e pelo fato da expressão pessoal do seu eu se apresentar desta maneira. Isto não quer dizer que um extrovertido não tenha momentos de quietude e recolhimento, o que define a atitude é a maior carga de energia em uma disposição para manter o foco no mundo externo ou no mundo interno.

Por exemplo, uma pessoa com forte característica de extroversão tende a assumir mais compromissos do que realmente pode dar conta, e só perceber isto quando já não suporta tantas exigências externas.

INTROVERSÃO

As pessoas introvertidas orientam-se por fatores subjetivos. No introvertido o foco de atenção é deslocado para seu mundo interno de impressões, sentimentos e pensamentos, ou seja, seus próprios processos interiores. Embora em nossa cultura haja algum preconceito quanto à atitude introvertida, é importante ressaltar que ambas as disposições são naturais e que os aspectos subjetivos da vida são tão reais quantos os objetivos.

O introvertido tende a apresentar certa hesitação frente à tomada de decisão, algo como pensar a vida antes de vivê-la, ou pensar antes de agir. Esta disposição por vezes faz com que o introvertido perca boas oportunidades que exigem decisão rápida.

Apresenta maior facilidade em escrever do que falar em público e prefere aprender da leitura que de aulas expositivas ou em grupo. Alunos introvertidos fixam melhor o conhecimento por meio da leitura em ambientes calmos.

São mais especialistas que generalistas, preferindo conhecer profundamente alguns assuntos, a transitar por vários temas; bem como tendem a ter poucos amigos e relações mais profundas.

Não se deve confundir introversão com timidez. Esta se caracteriza por uma ansiedade constante de não ser aceito pelo grupo a que se dirige; neste caso o medo da rejeição se impõe. Extrovertidos e introvertidos podem ser igualmente tímidos.

Uma boa analogia pode ser construída a partir da obra de arte para entendermos bem a diferença entre estas duas disposições da energia psíquica. Imaginemos que dois artistas plásticos farão uma pintura tendo como base um modelo vivo. Um dos artistas reproduzirá o modelo como uma foto, apresentando todos os detalhes do modelo. O outro fará uma pintura abstrata em referência ao modelo. Podemos dizer que o primeiro artista transferiu com maestria para a tela exatamente o que observava, ou seja, a impressão objetiva do mundo externo. O segundo artista construiu uma imagem baseado na impressão interior que o modelo lhe causou, pintou com habilidade a sua percepção interna do modelo.

Uma possibilidade inadequada é o introvertido se deixar absorver totalmente pelo mundo interior, negando-se a entrar em contato com o mundo externo e suas exigências.

Se tomarmos como exemplo a convivência entre os tipos, podemos exemplificar um pouco esta questão.

É dito popular que os opostos se atraem, e isto é fato, atraem-se por complementaridade – o que um não tem, sobra no outro! No entanto, outro tipo de atração também é verdadeiro, a atração por semelhança ou identificação.

Conviver com pessoas parecidas conosco em termos de preferências e disposição de personalidade é, de certo modo, cômodo, pois surgem poucas áreas de conflito nesta relação. No entanto a possibilidade de aprendizado e ampliação da consciência fica restrita; aprendemos gostos e possibilidades diferentes com pessoas diferentes de nós. Se dois amigos gostam muito de cinema e detestam teatro irão ao cinema sem qualquer questionamento, no entanto nunca terão a possibilidade de conhecer o teatro.

Conviver com pessoas muito diferentes requer uma boa dose de esforço, humildade e paciência. Isto porque sempre tendemos a considerar o nosso ponto de vista correto e, se alguém concorda, esta é uma boa pessoa, aquele que discorda será considerado errado em nossa avaliação pessoal. Isto ocorre porque somente posso ver o mundo de acordo com meu perfil tipológico; como se cada pessoa possuísse um par de óculos de lentes coloridas, algumas com lentes da mesma cor e outras com cores diferentes.

Um casal de introvertidos vai comemorar o aniversário de quinze anos de casamento e oferecer um jantar para os amigos. Eles vivem em uma casa grande e convidarão mais dois casais amigos de muitos anos para um jantar intimista, que será servido com esmero e seguido de longa e profunda conversa sobre algum tema complexo como política ou economia.

Outro casal, agora de extrovertidos, também vai comemorar cinco anos de casamento com uma festa para os amigos. Eles residem em um pequeno apartamento, mesmo assim convidarão mais de vinte pessoas para o evento. Obviamente as conversas serão superficiais, isto se o casal conseguir conversar minimamente com todos, mas a festa será bem animada!

O terceiro casal é composto da esposa introvertida e o marido extrovertido. É domingo e a esposa resolveu preparar para o almoço aquele prato especial, receita de família há três gerações. Enquanto ela prepara o prato o marido foi jogar futebol com o time do bairro. À hora do almoço ela o aguarda com a refeição especial e ele chega com alguns amigos do time para tomar uma cerveja. Ela parece desapontada e fecha-se em um canto. Ele não entende a postura da esposa, pois afinal, que mal há em trazer os amigos para uma cervejinha? Afinal, o time ganhou o jogo! Quando os amigos vão embora, ela está amargurada, remoendo pensamentos e sentimentos, e acredita que ele não gosta mais dela. Ele, por sua vez, não entende a distância da esposa e sente-se irritado, cogitando sair de casa e almoçar na rua. Qual dos dois está certo? Ambos, cada um em seu estilo tipológico. O grande problema é a unilateralidade e esperar que o outro corresponda às suas expectativas.

Estes exemplos demonstram as implicações da tipologia na vida diária, e estamos falando apenas da polaridade extroversão – introversão; ainda existem outras polaridades na tipologia. Este último tipo de experiência tende a desgastar relacionamentos que, mesmo baseados em amor, e por isto mesmo, conduzem as pessoas a grandes sofrimentos.

Além da definição das atitudes, Jung identificou e definiu quatro funções psíquicas que atuam simultaneamente às atitudes. Elas foram classificadas em duas naturezas diferentes, funções irracionais ou de percepção, denominadas sensação e intuição; e funções racionais ou de julgamento, denominadas pensamento e sentimento.

As quatro funções praticamente correspondem à atuação da psique no mundo: primeiro se percebe a realidade de um objeto (sensação), depois se procura compreender o que é este objeto (pensamento), a seguir se atribui um valor afetivo ao objeto (sentimento) e por último tem-se uma ideia acerca das possibilidades deste objeto (intuição). Outra associação possível é com os quatro elementos constituintes do mundo, como propunham os gregos antigos e a medicina galênica: a função sensação corresponde à terra, o pensamento ao ar, o sentimento à água e a intuição ao fogo.

A seguir vamos conhecer estas funções.

II – Funções irracionais ou de percepção

Por funções irracionais, Jung definiu as duas maneiras possíveis de receber informação sobre algo, ou seja, de que maneira uma determinada pessoa prefere receber informações do meio, para poder processá-las e agir. Posteriormente alguns autores sugeriram a denominação de funções de percepção. Há duas maneiras de receber informações: diretamente dos órgãos dos sentidos, de modo a criar uma ideia concreta sobre a informação; ou, recebendo-as de modo a não se fixar nas características concretas da informação, mas nas possibilidades futuras da mesma. Assim, temos a sensação e a intuição, respectivamente.

A SENSAÇÃO

A função sensação privilegia os órgão dos sentidos, é a função que nos diz que algo existe. As pessoas que preferem receber informações através da sensação são pessoas voltadas para o aqui-agora, mostrando-se práticas e realistas. Tendem a aceitar as coisas como lhes parecem ser, não utilizando muito a imaginação.

Preferem manter tudo funcionando, ao invés de criar novos caminhos; à manutenção à criação de novos projetos. Preferem ver as partes a ver o todo, apreendem melhor uma tarefa a ser executada quando os passos práticos para tal são explicitados. Apresentam bom controle psicomotor e preferem relacionar-se com coisas concretas e objetivas. Tem facilidade em lidar com máquinas e equipamentos e são mais executores que planejadores, digamos, mais engenheiros que arquitetos.

As pessoas tipo sensação são aquelas que, entrando em um ambiente completamente novo, podem descrever detalhadamente os objetos que compõem este lugar. São detalhistas e pragmáticas em suas ações. Na série de TV *Jornada nas estrelas (Star trek)* o engenheiro da nave Sr. Scott é um típico sensação.

A INTUIÇÃO

Outra maneira de receber informações é através da intuição. Esta maneira de receber informação não se fixa no dado concreto, no aqui-agora, mas vai além, buscando o significado intrínseco das coisas e suas possibilidades futuras.

O intuitivo vê o todo e não as partes. Quando uma tarefa lhe é designada, ele precisa compreender o todo para poder realizá-la a contento. Prefere mais planejar a executar, e está sempre adiante de seu tempo quanto a projetos e possibilidades. O intuitivo é mais criativo e inovador do que o tipo sensação; mostra-se, no entanto, inábil para lidar com a realidade concreta de maneira prática e com a rotina de uma atividade qualquer.

Não tem tanta habilidade com o corpo quanto o tipo sensação nem paciência para ficar muito tempo em uma mesma atividade, tendendo a deixar as tarefas pela metade quando perde o interesse. Está mais para arquiteto que para engenheiro. Na série de TV *Jornada nas estrelas (Star trek)* o capitão Kirk é um típico intuitivo.

III – Funções Racionais

As funções racionais são definidas como aquelas que determinam dois modos possíveis de tomada de decisão, ou seja, de que maneira uma pessoa prefere avaliar as informações recebidas do meio ambiente e como prefere tomar decisões. Duas são as possibilidades, com base em uma análise lógica e racional: partindo de leis gerais ou por meio de uma avaliação valorativa pessoal. Assim temos o pensamento e o sentimento respectivamente. Alguns autores preferem o termo funções de julgamento.

O PENSAMENTO

As pessoas que preferem tomar decisões com base no pensamento procuram orientar-se por uma lei geral aplicável às situações semelhantes, sem permitir a interferência de avaliações pessoais. Estão atentas à causalidade lógica de seus atos e dos eventos. Incluem em sua avaliação os prós e contras de uma mesma situação e buscam um padrão objetivo da verdade.

Apreciam a organização e a lógica, baseando seus julgamentos em padrões universais e coerentes. Como são naturalmente voltados para a razão, muitas vezes são imparciais em seus julgamentos; porém conseguem uma análise isenta de interferências pessoais e com significado geral.

Estas pessoas lidam melhor com tarefas (processos lógicos e formais) do que com relacionamentos interpessoais, pois não conseguem lidar com valores pessoais, sejam estes seus mesmos ou de outros. Estes não seriam engenheiros nem arquitetos, mas talvez financistas ou contadores. Na série de TV *Jornada nas estrelas (Star trek)* o Sr. Spock é um típico pensamento.

O SENTIMENTO

O sentimento não deve ser confundido com emoção ou afeto, pois a emoção pode surgir em pessoas de qualquer um dos tipos psicológicos. A emoção é um afeto de grande intensidade e energia que quando nos assalta altera funções orgânicas, como batimento cardíaco e ritmo respiratório.

A função sentimento nada tem haver com estas reações físicas, pois está ligada a uma dimensão valorativa das pessoas e coisas; é a busca de valores pessoais e não universais, como ocorre com a função pensamento. Também é uma forma de pensar, mas toma por base os valores pessoais e os dos outros, diferente da busca de leis gerais válidas para todos como ocorre na função pensamento.

As pessoas que preferem tomar decisões com base no sentimento estão utilizando seus próprios valores pessoais (ou de outros, do grupo ou da sociedade), mesmo que estas decisões não tenham lógica e objetividade alguma do ponto de vista da causalidade e das leis gerais.

Sempre levarão em conta o que sentem em relação a alguém ou a uma situação. Como valorizam as impressões pessoais, estão naturalmente voltadas às relações interpessoais e preocupam-se com os sentimentos e valores dos outros; assim as idiossincrasias humanas são respeitadas e laços afetivos reforçados. Tendem a ser receptivas e boas para lidar com as pessoas, além de possuírem uma forte atração pela história e pelas tradições. Estes não seriam contadores, mas educadores ou gestores de pessoas. Na série de TV *Jornada nas estrelas (Star trek)* o Dr. Mackoy é um típico sentimento.

Para compreender melhor esta polarização de funções, tomemos como exemplo o caso de um réu que está sendo julgado por um crime que cometeu. Alguém que fosse um tipo pensamento estaria interessado em saber exatamente o tipo de crime cometido e quais os caminhos legais para que o processo chegue a termo. Por outro lado, um tipo sentimento estaria interessado em saber as condições em que o crime teria ocorrido e qual a situação pessoal do réu, anterior ao fato e no momento do delito. Caso os valores pessoais de quem julga sejam de compreensão e defesa dos valores humanos, haverá uma tendência a abordar o delito de forma mais branda; caso o delito tenha atingido diretamente os valores de quem julga, sendo este um tipo sentimento, a condenação será mais rígida do que seria no juízo de um tipo pensamento. O juiz tipo pensamento aplicará a lei na medida em que ela se apresenta; já o juiz sentimento será levado por seus valores pessoais, para o melhor ou pior do réu. Um tipo sentimento poderá fazer todo o possível por alguém de quem ele goste, mas fará o mínimo por quem não goste. Tipo sentimento não quer dizer tipo bonzinho!

Quando estes dois tipos estão convivendo, frequentemente um acusará o outro de defeitos que possuem de maneira inversa, projetando seus aspectos sombrios e primitivos no outro. Por exemplo, uma esposa sentimento dedicar-se-á aos trabalhos de casa com cuidado e carinho, e esperará do marido constantes observações de aprovação. Por outro lado, o marido pensamento acha que a dedicação dela é perfeitamente razoável para uma esposa fazer, e não percebe nisto nada além do cumprimento de um acordo social: é lógico que ela cuide bem da casa se não trabalha fora, e também é lógico que então ele trabalhe fora para sustentar a família. Desta maneira, as expectativas frustradas de ambos podem concorrer para o desgaste do relacionamento e, em casos extremos, a separação do casal.

A seguir vamos apresentar algumas características relativas a cada uma das atitudes e a cada uma das funções descritas acima.

EXTROVERSÃO

Tende a ser impulsivo
Não pode compreender a vida antes de vivê-la
Tem postura relaxada e confiante frente à vida
Sua atenção é voltada para o exterior
Seu mundo real é o externo
Vai da ação à consideração e volta à ação
Dedica-se exageradamente às exigências externas
Acessível e sociável, prefere o mundo das coisas e pessoas, ao mundo das suas próprias ideias, sentimentos e impressões
Geralmente expansivo e pouco impressionável
Tende a descarregar as suas emoções na medida em que elas vêm
Inclinação para a superficialidade e generalidade de assuntos
Expansivo no que faz

INTROVERSÃO

- Tende a ser hesitante
- Não pode viver antes de compreender a vida
- Apresenta postura reservada e questionadora
- Sua atenção é voltada para o interior
- Seu mundo real é o interno, suas ideias, pensamentos e sentimentos
- Vai das considerações para a ação e volta para as considerações
- Defende-se sempre que possível de exigências externas em favor da vida interior
- Impenetrável e misterioso, fica mais à vontade no mundo das ideias do que no mundo das pessoas e coisas
- Geralmente introspectivo e impressionável
- Retém suas emoções e as esconde o máximo possível
- Inclinação para a profundidade e especialização nos assuntos de interesse
- Discreto no que faz

SENSAÇÃO

Encara a vida buscando estimulação dos sentidos
Está muito ligado no ambiente sensorial (cores, odores, formas etc.)
Rápido em perceber as sensações físicas, desconsiderando a imaginação
Amante do prazer e consumista
Vive no aqui-agora, o futuro pouco interessa
Tende a observar e imitar o grupo
É dependente do ambiente físico e seus estímulos sensoriais
Sente-se bem quando encontra harmonia física nos ambientes
Reluta em sacrificar prazeres presentes em função de ganhos futuros
Corre o risco de tornar-se frívolo
Aceita bem as atribuições de rotina e gosta de atividades estruturadas
Prefere concluir tarefas a idealizá-las
Geralmente consistente e persistente

INTUIÇÃO

Encara a vida com expectativa e inspiração
Aceita as impressões dos sentidos somente quando relacionadas à inspiração do momento
Desenvolve a imaginação, sacrificando a percepção imediata do presente
Tende a ser pioneiro e inventor
Apresenta pouca capacidade para aproveitar o presente, pois vive no futuro
É incansável
Sempre atraído por oportunidades e possibilidades
É inventivo, original e indiferente aos padrões sociais
Prefere o empreendimento ao alcance de objetivos
Geralmente muito independente do ambiente físico, isto não o incomoda
Não tolera a rotina de uma atividade e detesta trabalhos repetitivos
Prefere iniciar projetos a concluí-los
Corre o risco de ser inconstante e falta-lhe persistência

PENSAMENTO

Valoriza a lógica acima de impressões pessoais
Impessoal, sente mais interesse por objetos e procedimentos a relacionamento humano
Prefere dizer a verdade nua e crua a amenizá-la
Mais capacidade de execução do que contato social
Questiona as conclusões dos outros, achando-se sempre certo
Tende a ser decidido e assertivo, carece de amizades
Organiza fatos e ideias de maneira lógica e racional
Tende a ignorar sentimentos incompatíveis com julgamentos racionais
Desenvolve agudo senso crítico e intelectual
Prefere atuar em áreas de ciências e tecnologia

SENTIMENTO

Valoriza as impressões pessoais acima da lógica

Mais interessado nas pessoas do que nos objetos e processos

Prefere dizer a verdade de maneira indireta e amenizada

Mais capacitado para o contato social do que para habilidades de execução

Tende a concordar com os que estão à sua volta, aceitando a opinião dos outros para manter a harmonia

Geralmente amigável e sociável, encontra dificuldade em ser objetivo e assertivo

Pode ter dificuldade em organizar logicamente ideias para expô-las

Ignora pensamentos ofensivos às suas próprias avaliações pessoais

Tende a apoiar movimentos que são considerados bons pela comunidade, envolve-se em movimentos sociais e comunitários

Prefere atuar em áreas de humanidades

IV – A estrutura cruciforme

A estrutura das quatro funções da psique representa a totalidade da personalidade, abrangendo o consciente e o inconsciente em relação oposta e complementar.

Podemos aproveitar a configuração das fases lunares para exemplificar a tipologia de Jung. As lunações se dividem em lua nova, quarto crescente, lua cheia e quarto minguante. Na lua cheia, ela está plena de luz dominando o céu, no quarto crescente a luminosidade está mediana tendendo a crescer; no quarto minguante a luminosidade está mediana tendendo a diminuir e na lua nova (lua negra) não há luz, ela está sombria e sinistra, reina soberana sobre as trevas e sobre o mundo não conhecido.

Associando-se, por analogia, a luz com a consciência (o mundo conhecido), e as trevas com o inconsciente (o mundo desconhecido), teremos uma clara visão das quatro funções da psique.

A função de maior luminosidade (lua cheia) Jung denominou de FUNÇÃO PRINCIPAL, a de luminosidade mediana tendendo à maior luz (quarto crescente) é chamada de FUNÇÃO AUXILIAR, e a função sem luminosidade (lua nova) de FUNÇÃO INFERIOR.

A fase de maior luz, ou seja, a função psíquica mais diferenciada é a que está mais subordinada ao controle do ego, e mesmo se identifica com ele. É semelhante à maior habilidade com uma das mãos entre destros e canhotos. Preferimos uma das mãos para escrever e embora tenhamos outra, privilegiamos uma das mãos e por isto mesmo ela será muito mais ágil, mais treinada e mais facilmente coordenada pela vontade consciente.

A função principal pode manifestar-se de maneira introvertida ou extrovertida. Esta é a função mais desenvolvida e a mais utilizada na vida diária.

A fase de luz mediana, ou seja, a função psíquica diferenciada com menos intensidade do que a função principal é a função auxiliar. Embora sendo de natureza diferente da função principal, não lhe é antagônica, oferecendo um segundo ponto de vista a ser considerado. Assim como temos uma visão bifocal, esta função auxiliar contribuirá para uma compreensão mais ampla de uma situação qualquer. É interessante notar que nos sistemas antigos de tipologia sempre havia um segundo ponto de vista a ser considerado (o signo ascendente na astrologia tradicional, o companheiro de estrada no sistema chinês ou o orixá adjunto nas religiões de matriz africana).

A função auxiliar não pode ser da mesma natureza da função principal pois, caso contrário, seriam opostas e haveria a ausência de uma função de natureza complementar. Sempre que a função principal for irracional, a função auxiliar será racional, e vice-versa.

A função correspondente ao quarto minguante é a função oposta à função auxiliar, também chamada de função terciária; já se encontra abaixo do limiar da consciência e o controle do ego sobre ela é bem menor.

A fase de trevas (lua nova ou negra) é representativa da função inferior, a menos diferenciada das quatro funções; mais primitiva, arcaica e inadaptada, corresponde ao lado sombrio da personalidade e se constitui na porta de acesso ao inconsciente.

Opõe-se à função principal, apresenta uma atitude inversa à primeira. Representa o nosso lado não desenvolvido, onde a inabilidade se manifesta de maneira instintiva, por vezes destrutiva e perigosa. Quando determinada função está localizada na posição inferior em uma determinada pessoa, podemos dizer que todas as características e qualidades já descritas de cada função são as mesmas, só que manifestas de maneira mais primitiva, sem o aparato do polimento social e em sua forma mais bruta. Apesar disto, a função inferior também guarda a possibilidade de revitalização da personalidade, quando as possibilidades de realização da função principal e do ego se esgotam.

Muitas vezes, devido à unilateralidade excessiva da consciência, privilegiando unicamente as funções principal e auxiliar, há o risco da invasão da função inferior com características do que Jung denominou complexo da sombra. Assim, uma pessoa do tipo sentimento, polida e preocupada com as pessoas quase todo o tempo, de repente pode tornar-se áspera e extremamente crítica e cáustica, desestruturando relações pessoais que para ela são muito caras. A este processo Jung chamou de *enantiodromia*, termo utilizado por Galeno e que quer dizer: "cair para o lado contrário".

Jung nos diz que é praticamente impossível alguém desenvolver todas as suas funções psicológicas simultaneamente; isto se deve às exigências sociais e às circunstâncias da vida de cada um. Estas exigências obrigam-nos à diferenciação da função com a qual se está mais bem equipado pela natureza, e que irá assegurar o melhor sucesso no mundo externo. Geralmente identificamo-nos com a função mais favorecida (e a mais desenvolvida), e isto é o que dá origem aos tipos psicológicos.

A soberania de uma das funções é exclusiva, pois é aquela com que o ego mais se identifica. A função auxiliar não chega a atingir a desenvoltura da primeira, uma vez que se assim fosse teríamos uma ambiguidade de direções, o que não é satisfatório para a adaptação da pessoa no mundo. É importante uma segunda visão e não um conflito de direções.

A função inferior se opõe à função principal, influenciando de modo secreto e contrário a seus interesses, ao mesmo tempo que a função superior reprime a inferior violentamente.

A principal característica da função inferior é a autonomia, pois ela não está subordinada à autoridade da consciência (ego), e por isto mesmo pode agir de maneira independente à vontade da pessoa e prejudicar sensivelmente os planos desta. A função inferior é menos desenvolvida e, quando emerge na consciência, manifesta-se de maneira infantil e primitiva, obrigando a pessoa a confrontar-se com outros aspectos de sua personalidade que antes foram rejeitados.

Eis um esquema que mostra as áreas de atuação de cada função na dinâmica psíquica.

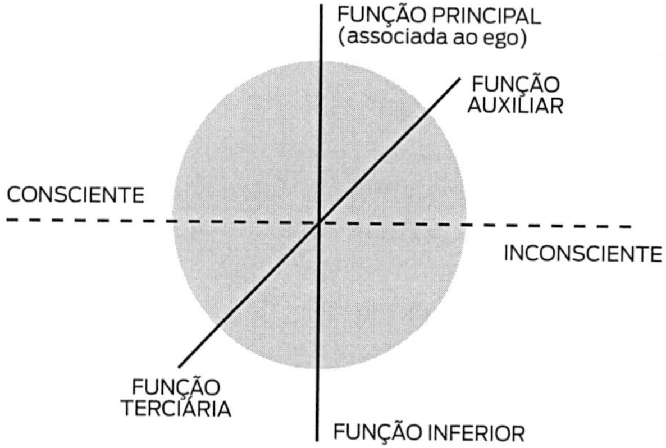

A conceituação do dinamismo consciente-inconsciente e a presença de todas as polaridades criam um sistema de trocas entre as instâncias, através dos movimentos da energia psíquica. Ou seja, a tipologia não deve ser pensada como um rótulo que define as pessoas e seus comportamentos de forma estanque, pois a energia psíquica percorre todo o sistema e este é dinâmico. Podemos entender as preferências da consciência, mas as influências das funções e atitudes abaixo do limiar, isto é, do inconsciente, estão presentes o tempo todo e constantemente interferem e influenciam nas decisões, ações e comportamento consciente.

Para se compreender uma pessoa é importante saber que todo o sistema está em movimento, a tipologia caracteriza um estilo cognitivo de preferência, mas a dinâmica individual é única para cada pessoa.

Muitos instrumentos de pesquisa foram criados para o estudo e avaliação dos tipos psicológicos, dentre eles podemos citar como mais importantes o Questionário de Avaliação Tipológica (QUATI) desenvolvido no Brasil em 1995, editado pela Vetor Editora e aprovado pelo Conselho Federal de Psicologia - CFP. Este instrumento é de uso exclusivo para psicólogos.

Temos ainda o *Gray-Wheelwright*, o *Kersey Bates* e o *Myers-Briggs Type Indicator* (MBTI), instrumentos desenvolvidos nos Estados Unidos.

Embora tenhamos todos estes instrumentos para a investigação tipológica, o mais importante da tipologia de Jung é não nos fixarmos no tipo, mas no dinamismo da psique; a tipologia não é estrutural, mas funcional e fenomenológica. Ela sugere como uma pessoa se relaciona consigo e com o mundo, e como este relacionamento eu-mundo se processa e se transforma no tempo e no espaço, ainda que a pessoa mantenha suas características tipológicas ao longo da vida.

CAPÍTULO 3

Possibilidades do uso da Tipologia

A teoria dos tipos psicológicos pode ser utilizada em vários campos, tanto na clínica, quanto nas áreas de educação e organização.

I – Aplicações clínicas

Em aconselhamento psicológico individual, onde a identificação dos tipos psicológicos auxiliará a compreensão das dificuldades de adaptação da pessoa em sua própria vida, seja no relacionamento com grupos ou com indivíduos.

Em aconselhamento de casal, onde o estudo da tipologia de cada um dos cônjuges oferecerá subsídios para que se compreenda a origem dos conflitos conjugais e se possam analisar os processos transferenciais em jogo.

Em psicoterapia, onde a identificação tipológica facilitará o encaminhamento do processo terapêutico. Identificando-se a função principal e sua atitude (intro ou extroversão), este será o canal de acesso ao cliente. A partir disso, o caminho tipológico de acesso ao inconsciente se estabelece da seguinte maneira: função principal, função auxiliar, oposta a auxiliar e por último a função inferior.

Jung afirma que é uma violência o terapeuta tentar abordar a função inferior diretamente. Por exemplo, no caso de um cliente tipo pensamento, forçar o contato com a função sentimento, pois esta se mostrará ameaçadora e suscitará as defesas do ego.

Igualmente em processos de psicoterapia breve, quando o número de sessões é pequeno e pré-determinado, compreender a dinâmica psíquica pelo olhar da tipologia fornecerá elementos para o planejamento do enfoque terapêutico e da estratégia de comunicação.

No processo analítico, que por sua natureza é mais longo e profundo, a compreensão da tipologia auxiliará a viagem simbólica através da psique, conduzindo a análise pelo reconhecimento das funções inconscientes e lidando mais adequadamente com as resistências rumo ao processo de individuação.

II – Aplicações em educação

A identificação tipológica fornecerá elementos para o planejamento educacional de um grupo, ou de vários simultaneamente. Um planejamento educacional que procure atender às várias formas de se conhecer o mundo tenderá a ser mais bem aproveitado por alunos de diferentes tipos psicológicos.

Podemos localizar dificuldades individuais de aprendizagem com o exame tipológico do aluno, pois teremos uma visão mais clara de suas portas de acesso (função principal, auxiliar e atitude predominante), e qual a melhor maneira de levar um determinado conteúdo até ele.

Por outro lado, de posse do conhecimento das diferenças tipológicas, ou dos estilos cognitivos, as escolas poderão criar programas de ensino-aprendizagem mais adequados ao real aproveitamento de seus alunos.

Em termos genéricos, para que possamos atender a todas as funções em educação, um conteúdo deve incluir: uma configuração lógico-teórica de possibilidades futuras (pensamento-intuição), uma configuração lógico-prática de utilidade concreta (pensamento-sensação), uma configuração criativa-pessoal de possibilidades inovadoras (intuição-sentimento) e uma configuração prática-pessoal de possibilidades concretas e sociais.

Outra possibilidade de utilização da tipologia em educação é na Orientação Profissional. Cada uma das dezesseis possíveis descrições tipológicas oferece uma gama de possibilidades e capacidades específicas, que oferecerão maior ou menor adaptabilidade a determinadas carreiras e profissões.

III – Aplicações organizacionais

Nas organizações, a tipologia poderá orientar a organização de grupos de trabalho, quanto ao tipo de tarefa a ser feita, quanto à dinâmica do grupo em questão.

A tipologia também é útil para identificar a origem de conflitos em grupos de trabalho e oferecer propostas para sua solução.

Pode ser utilizada nos processos de desenvolvimento profissional, identificando capacidades a serem trabalhadas e apoiando propostas de reorganização de funções e tarefas.

Atualmente tem se utilizado da tipologia para a caracterização e descrição de cargos e funções, bem como para a escolha das pessoas que melhor se adaptariam a estas tarefas.

Em áreas sociais, a tipologia se apresenta como um

poderoso instrumento teórico para a análise institucional, definindo o perfil de uma carreira ou de uma instituição. Outro campo na área social é a utilização na definição de padrões tipológicos em grupos sociais, que permitirão maior compreensão dos movimentos sociais e da interação de diferentes grupos, bem como auxiliar a mediação entre partes conflitantes.

CAPÍTULO 4

Breve descrição dos 16 tipos psicológicos.

A seguir temos uma breve descrição das características de comportamentos dos 16 tipos psicológicos. Esta configuração leva em conta a função principal e a auxiliar, bem como a atitude introvertida ou extrovertida.

É uma descrição genérica, focada nos melhores atributos de cada tipo, por ser o objetivo deste livro ser simples, a descrição é genérica, mas poderá dar uma vista de olhos ao que se entende por tipologia junguiana.

Tente encontrar-se em um dos tipos baseado na descrição, será uma experiência divertida!

Sensação Introvertida com Pensamento Auxiliar

Sério e calado, obtém sucesso através da concentração e da atenção às minúcias. Prático e disciplinado, é sempre lógico e realista em suas ações, zelando para que tudo esteja sempre bem organizado. Aceita responsabilidades e decide-se quanto ao que deve ser feito, trabalhando firmemente para isto, desprezando protestos de outros ou fatores de distração.

Palavra chave: defesa das instituições

Pensamento Introvertido com Sensação Auxiliar

Expectador calmo e discreto, observando e analisando a vida com destacada curiosidade e lampejos inesperados de humor original. Geralmente interessado em causa e efeito, no como e porque coisas mecânicas funcionam e em organizar fatos utilizando-se de princípios lógicos.

Palavra chave: temeridade

Intuição Introvertida com Pensamento Auxiliar

Geralmente demonstra ideias originais e grande motivação para concretizá-las. Em áreas de seu interesse possui uma excelente disposição para organizar um trabalho e levá-lo até o fim sem ajuda. Cético, crítico, independente, determinado e algumas vezes teimoso. Precisa aprender a ceder nas coisas menos importantes para alcançar as mais importantes.

Palavra chave: lógica

Sentimento Introvertido com Intuição Auxiliar

Entusiasmado e leal, raramente fala de si mesmo até conhecer bem o ouvinte. Preocupa-se com a aprendizagem, idiomas, ideias e projetos próprios. Possui a tendência de se sobrecarregar de tarefas, mas de alguma forma consegue realizá-las. Amigável, mas frequentemente muito absorvido no que esta fazendo para ser sociável. Pouco preocupado com posses ou ambiente físico.

Palavra chave: idealismo

Pensamento Introvertido com Intuição Auxiliar

Quieto e reservado, aprecia especialmente as atividades teóricas ou científicas. Gosta de resolver problemas através de análise lógica. Geralmente interessado em ideias, com pouca energia destinada a assuntos corriqueiros ou fragmentados. Necessita de atividades em que possa ser útil o seu forte interesse por novos projetos.

Palavra chave: precisão

Sensação Introvertida com Sentimento Auxiliar

Tende a ser calado, responsável e amigável. Trabalha devotadamente para cumprir suas obrigações. Proporciona estabilidade a qualquer projeto ou grupo. Minucioso e caprichoso, mas também preciso. Seu interesse frequentemente não é técnico, pode ser paciente com detalhes necessários e está sempre preocupado em como as pessoas estão se sentindo.

Palavra chave: dedicação

Sentimento introvertido com Sensação Auxiliar

Retraído e amigável, gentil e modesto a respeito de suas próprias qualidades e habilidades. Evita desavenças e não impõe aos outros suas opiniões ou valores. Geralmente não se preocupa em liderar, mas é geralmente fiel seguidor. Despreocupado na realização de tarefas por preferir apreciar o momento presente e não querer estragá-lo por excessiva pressa ou esforço.

Palavra chave: artes

Intuição Introvertida com sentimento Auxiliar

Obtém sucesso através da perseverança, da originalidade e do desejo de fazer o que for necessário. Seu maior esforço está voltado para o seu trabalho, que é feito em silêncio. Tende a ser consciencioso e preocupado com os outros. Respeitado por seus firmes princípios, tem a possibilidade de ser seguido e honrado por suas claras convicções de como melhor servir ao bem comum.

Palavra chave: intuição

Sensação Extrovertida com pensamento Auxiliar

Bom na resolução imediata de problemas objetivos, procura aproveitar as situações sem preocupar-se muito. Tendência a apreciar a mecânica e os esportes, de preferência rodeado de amigos. Adaptável e tolerante, geralmente é conservador quanto a atitudes. Não gosta de explicações longas e dá-se melhor com coisas reais que podem ser trabalhadas, montadas e desmontadas.

Palavra chave: empreendimentos

Pensamento Extrovertido com Sensação Auxiliar

Prático, realista e simplista, tendendo para administração ou mecânica. Não tem interesse em assuntos para os quais não vê utilidade, mas pode dedicar-se a eles quando necessário. Gosta de organizar e apoiar atividades em funcionamento. Pode ser bom administrador, especialmente se lembrar de considerar os pontos de vistas dos outros.

Palavra chave: responsabilidade

Sensação Extrovertida com Sentimento Auxiliar

Expansivo, complacente, receptivo e amigável. Tende a divertir-se com as coisas, tornando-as agradáveis para todos os que o cercam. Aprecia os esportes e fazer as coisas acontecerem, utilizando para isto o seu forte entusiasmo. Acha mais fácil lembrar-se de fatos que teorias. Dá-se melhor em situações que exijam sólido bom senso e habilidade prática, tanto com coisas quanto com pessoas.

Palavra chave: animação do ambiente

Intuição Extrovertida com Sentimento Auxiliar

Entusiasta afetuoso, vivaz, engenhoso e imaginativo, capaz de fazer quase qualquer coisa que o interesse. Sempre rápido com uma solução para qualquer dificuldade e pronto para ajudar qualquer um que tenha um problema. Frequentemente confia mais em sua habilidade de improvisação do que em preparo anterior. Geralmente pode encontrar fortes razões para justificar qualquer coisa que queira.

Palavra chave: influência

Intuição Extrovertida com Pensamento Auxiliar

Rápido e engenhoso, bom em várias coisas. Companhia estimulante, alerta e franco. Pode discutir, por diversão, vários lados de uma mesma questão. Cheio de recursos para a solução de novos e desafiantes problemas tende a negligenciar atribuições de rotina. Apto a voltar-se a um novo interesse a cada instante. Habilidoso para encontrar razões lógicas para qualquer coisa que queira.

Palavra chave: destreza

Pensamento Extrovertido com Intuição Auxiliar

Líder em atividade, é cordial, franco e destemido. Geralmente bom em quase tudo que requeira raciocínio e comunicação inteligente, como falar em público. É geralmente bem informado e aprecia aumentar seu cabedal de conhecimento. Às vezes aparenta ser mais seguro do que sua experiência lhe permite.

Palavra chave: comando

Sentimento Extrovertido com Sensação Auxiliar

Afetuoso e comunicativo, consciencioso e cooperador

nato, membro ativo de grupos. Necessita de harmonia ao seu redor e é muito bom para criá-la. Sempre procura dedicar-se aos outros. Trabalha melhor com reconhecimento e encorajamento. Seu principal interesse é aquilo que afeta diretamente a vida das pessoas.

Palavra chave: harmonia

Sentimento Extrovertido com Intuição Auxiliar

Receptivo e responsável, geralmente sente preocupação com o que os outros pensam ou querem. Tenta criar coisas com consideração pelo que as pessoas sentem. Pode apresentar uma proposta ou liderar um debate de grupo com facilidade e tato. Tende a ser sociável e solidário. É receptivo a críticas e elogios.

Palavra chave: liderança.

CAPÍTULO 5

Palavras finais

Caso o(a) leitor(a) tenha se interessado em saber mais sobre a tipologia desenvolvida por Carl Gustav Jung, sugiro a leitura da obra *Entendendo os tipos humanos* da Editora Vetor e as obras citadas nas referências abaixo.

Para finalizar, aqui está um texto de Fernando Pessoa intitulado *Mensagem*, no qual ele discorre sobre as quatro formas de conhecimento e a busca da quinta forma, ou a quintessência, o ponto central deste quadrilátero, integrador das quatro formas básicas ao qual Jung denominou *Self* ou Si-Mesmo.

Mensagem (Fernando Pessoa 1888 – 1935)

O entendimento dos símbolos e dos rituais (simbólicos) exige do intérprete que possua cinco qualidades ou condições, sem as quais os símbolos serão para ele mortos, e ele um morto para eles.

A primeira é a simpatia; não direi a primeira em tempo, mas a primeira conforme vou citando, e cito por graus de simplicidade. Tem o intérprete que sentir simpatia pelo símbolo que se propõe interpretar. A atitude cauta, a irônica, a deslocada - todas elas privam o intérprete da primeira condição para poder interpretar.

A segunda é a intuição. A simpatia pode auxiliá-la, se ela já existe, porém não criá-la. Por intuição se entende aquela espécie de entendimento com que se sente o que está além do símbolo, sem que se veja.

A terceira é a inteligência. A inteligência analisa, decompõe, reconstrói noutro nível o símbolo: tem, porém, que fazê-lo depois que, no fundo, é tudo o mesmo. Não direi erudição, como poderia no exame dos símbolos, e o de relacionar no alto o que está de acordo com a relação que está em baixo. Não poderá fazer isto se a simpatia não tiver lembrado essa relação, se a intuição a não tiver estabelecido. Então a inteligência, de discursiva que naturalmente é, se tornará analógica, e o símbolo poderá ser interpretado.

A quarta é a compreensão, entendendo por esta palavra o conhecimento de outras matérias, que permitam que o símbolo seja iluminado por várias luzes, relacionado com vários outros símbolos, pois que, no fundo, é tudo o mesmo. Não direi erudição, como poderia ter dito, pois a erudição é uma soma; nem direi cultura, pois a cultura é uma síntese: e a compreensão é uma vida. Assim certos símbolos não podem ser bem entendidos se não houver antes, ou no mesmo tempo, o entendimento de símbolos diferentes.

A quinta é menos definível. Direi talvez, falando a uns, que é a graça, falando a outros, que é a mão do Superior Incógnito, falando a terceiros, que é o Conhecimento e Conversação do Santo Anjo da Guarda, entendendo cada uma destas coisas que são a mesma da maneira como as entendem aqueles que delas usam falando ou escrevendo.

REFERÊNCIAS BIBLIOGRÁFICAS

HALL, C.S., NOEDBY, V. - *Introdução à Psicologia Junguiana*, São Paulo, Cultrix, 1988.

JUNG, C.G. - *Tipos Psicológicos*, OC vol. VI, Petrópolis, Vozes, 2011

JUNG, C.G. - *O Homem e Seus Símbolos*, Rio de Janeiro, NovaFronteira,1977.

SHARP, D. - *Tipos de Personalidade*, São Paulo, Cultrix, 1990.

SILVA, M.L.R. - *Personalidade e Escolha Profissional*, São Paulo, EPU, 1992.

Von FRANZ, M.L. - *A Tipologia de Jung*, São Paulo, Cultrix, 1990.

ZACHARIAS, J.J.M. – *Tipos, a diversidade humana*, São Paulo, Vetor, 2006.

ZACHARIAS, J.J.M. - *Entendendo Os Tipos Humanos*, São Paulo, Paulus, 1995.

DIRETORIA DA AJB 2017 - 2019

Presidente: José Jorge de Morais Zacharias
Dir. Administrativa: Rosa Brizola
Dir. Ensino: Alessandro Caldonazzo
Dir. Financeira: Daniela Nogueira
Dir. Comunicação: Claudia Brasil

DEPARTAMENTO DE PUBLICAÇÃO DA AJB:
Coordenador: Humbertho Oliveira
Conselheiros Editoriais:
Gelson Luis Roberto, Gustavo Barcelos,
José Jorge de Morais Zacharias,
Joyce Werres e Walter Boechat

Outras publicações:

Coleção Mitologia · ***Viktor D. Salis***

· *Édipo: messias ou complexo?*

· *O casamento de Eros e Psiquê: a arte do encontro*

· *Educação através da mitologia grega: para formar jovens éticos e criadores*

· *A criação segundo a tradição grega*

· *Paideia nos 12 trabalhos de Hércules*

· *Ócio criador x ganância: razões milenares para nossa crise ética e econômica (Viktor D. Salis e Dado Salem)*